Regine Beatrix Dreyer

Die 15 großen Mittel für den Hund

DIE AUTORIN

Die Heilpraktikerin Regine Beatrix Dreyer ist eine renommierte Bioresonanz-Expertin. Aus Überzeugung und Liebe hat sie sich auf die Analyse von Pferden und Hunden spezialisiert. Sie betrachtet jedes Tier als Individuum, gibt ihm eine Stimme und ermöglicht dem Halter ein tieferes Verständnis für seinen Liebling. Die Kraft für ihr Engagement schöpft sie aus der kostbaren gemeinsamen Zeit mit ihren eigenen Pferden, ihrer Nähe und ihrem Vertrauen.

INHALT

VORWORT

Wann werden unsere Hunde krank?

Am Wochenende und in den Abendstunden. Ein Blick in die naturheilkundliche Hausapotheke führt schnell zu der Erkenntnis, dass das passende homöopathische Mittel nicht vorhanden ist. Die ungewöhnlichsten Mittel, die vor Jahren angeschafft wurden, lagern dort, sind aber jetzt vollkommen nutzlos.

Was gehört in eine gut sortierte homöopathische Hundeapotheke? Welche Mittel benötigen wir bei unserem Hund regelmäßig? Und wofür setzen wir diese ein? Das Durchforsten Deiner Bücher zum Thema *Homöopathie für Hunde* oder passender Seiten im Internet hinterlässt viele Fragen, eine Menge Verwirrung und wenig umsetzbare Antworten. Aus diesem Grund habe ich für naturheilkundlich interessierte Hundebesitzer meinen Ratgeber *15 Freunde – die 15 großen Mittel für den Hund* verfasst. In ihm lernst Du den Charakter der wichtigsten Homöopathika für Hunde kennen, ihre Einsatzbereiche und die passende Dosierung. Die Mittel erhältst Du online oder in der Apotheke vor Ort. Die Kleinstmenge von 1 g ist für Deine Hundeapotheke ausreichend.

Mit diesem Buch wirst Du in der Lage sein, Deinem Hund in vielen Fällen selber zu helfen oder die Wartezeit bis zum Aufsuchen des Tierarztes sinnvoll zu überbrücken.

ACONITUM
der giftige Eisenhut

Der **Aconitum-Hund** befindet sich in der allerersten Phase einer Entzündung. Seine Haut und Schleimhäute sind heiß, rot, ohne auffallende Schwellung, aber bereits sehr schmerzhaft.

Häufig wird die Symptomatik durch kalten trockenen Wind oder Zugluft, manchmal durch ein Schockerlebnis ausgelöst. Der Puls Deines Hundes ist erhöht, er leidet unter Atemnot, hat Fieber, ist ängstlich, sehr durstig und erschöpft.

Anstrengungen verschlechtern den Zustand. Dein Hund möchte allein sein und sucht sich einen ruhigen Platz in der Wohnung.

APIS MELLIFICIA
die Honigbiene

Apis-Hunde leiden unter akuten Entzündungen und Schwellungen, die in ihren Beschwerden und dem Aussehen einem Bienenstich ähneln.

Die Haut ist gerötet und es kann sein, dass, wenn Du auf das stark geschwollene Gewebe drückst, eine Delle zurückbleibt.

Dein Hund reagiert sehr empfindlich auf die Berührung der betroffenen Stelle. Es geht ihm besser durch Kälte in jeder Form (Kühlpads, kaltes Wasser) und etwas Bewegung im Freien. Wärme verschlechtert seine Schmerzen. Im schlimmsten Fall reagiert er allergisch auf einen Insektenstich oder er hat Fieber mit Schüttelfrost.

Deine Hündin ist tragend, Dir ist bekannt, dass Dein Liebling eine Allergie gegen Bienengift hat? In diesen Fällen verzichte bitte auf den Einsatz von Apis.

BELLADONNA ATROPA

die tolle Kirsche

Belladonna-Hunde befinden sich in einer frühen Phase aller möglichen, entzündlichen Erkrankungen.

Ihre Symptome tauchen plötzlich und überraschend auf, wie aus dem Nichts.

Die Entzündungen entwickeln sich sehr schnell, vorhandenes Fieber steigt rapide an.

Alle betroffenen Gewebe (z. B. Schleimhäute des Halses, die Bindehaut des Auges, ein Gelenk) sind dunkelrot und geschwollen, brennend heiß.

Dein Hund zeigt durch den heftigen Schmerz und die explosive Entwicklung der Krankheit Anzeichen von Panik, reagiert mit Angst auf alles und jedes und will nicht berührt werden, beißt evtl. sogar nach seinem Besitzer.

Er braucht eine warme Decke und eine ruhige Umgebung.

NUX VOMICA
die Brechnuss

Nux-vomica-Hunde haben vielfältige Beschwerden, die dem kompletten Verdauungstrakt, z. B. Magen, Darm oder Leber zugeordnet werden können.

Sie leiden unter den Folgen von falschem Futter, verdorbenem Futter oder Stress. Der Hund hat Durchfall oder Verstopfung, sein Bauch und der Rücken sind angespannt.

Es kann jedoch auch sein, dass er nervös ist, eine Entzündung in den Atemwegen hat, sich häufig wegen seines Juckreizes kratzt.

Die Symptome haben akuten oder chronischen Charakter.

SULFUR
der explosive Schwefel

Der **Sulfur-Hund** benötigt eine Reinigung seines Körpers, eine chronische unbewegliche Situation muss wieder in Schwung gebracht werden, z. B. eine Blockade, die durch die langfristige Gabe chemischer Medikamente zustande gekommen ist.

Weil die Entgiftungsleistung seines Körpers eingeschränkt ist, riechen nicht nur alle seine Ausscheidungen sehr unangenehm, sondern oft auch der Hund selber. Trotz bester Pflege ist sein Fell struppig, fettig und schuppig.

Der **Sulfur-Hund** sieht ungepflegt und krank aus. Er verhält sich, ausgelöst durch einen starken Juckreiz und eine große, innere Hitze, ungeduldig und ungestüm, nutzt jede Möglichkeit zum ausgiebigen Kratzen seines Fells. Die Anwendung von Wasser, das Baden, verschlechtert seine Beschwerden.

Wohl fühlt er sich während eines langen Spazierganges oder einem Aufenthalt im Garten an der frischen Luft.

ARNICA MONTANA
der geliebte Bergwohlverleih

Der **Arnica-Hund** hat sich verletzt, die Pfote gequetscht, er ist gestürzt oder hat nach einer Auseinandersetzung mit einem anderen Hund kleine Wunden und Blutergüsse.

Er sucht sich ein ruhiges und warmes Plätzchen in der Wohnung, will sich nicht bewegen und empfindet Berührungen als unangenehm.

Er benötigt die Globuli in der akuten Situation sofort. Deshalb ist es gut, wenn Arnica-Globuli in der Hausapotheke vorhanden sind.

PULSATILLA
die anhängliche Küchenschelle

Die Erkrankungen von **Pulsatilla-Hunden** entwickeln sich langsam. Betroffen sein können bei ihnen u. a. die Augen, Ohren, die oberen und unteren Atemwege, die Lymphdrüsen, die Haut und der Magen-Darmtrakt. Eine häufige Ursache der Entzündung des **Pulsatilla-Tieres** liegt in einer Durchnässung (z. B. durch einen langen Spaziergang im Regen) mit anschließender Auskühlung.

Das besondere an der Symptomatik des **Pulsatilla-Hundes** ist, dass alle Schleimhäute mit Bakterien infiziert sind, Eiter vorhanden ist. Suche aus diesem Grund bitte unbedingt einen Tierarzt auf, wenn die Globuli nach kurzer Zeit keine Entlastung bewirken.

Zu beobachten sind bei Deinem **Pulsatilla-Hund** nicht wundmachende Absonderungen von gelblicher bis grünlicher Farbe und zäher Konsistenz. Sie lösen sich schwer und belasten besonders am Morgen das Wohlbefinden Deines Lieblings, aber ein Aufenthalt im Freien bei leichter Bewegung bessert alle Beschwerden.

Dein Hund sucht während der Krankheit häufig Deine Nähe. Er möchte getröstet werden und erträgt brav eventuelle Behandlungen.

LACHESIS

Der **Lachesis-Hund** leidet unter dunkelroten oder blauroten Entzündungen, Geschwüren und Abszessen, die nässen und bluten sowie dazu neigen, sich aggressiv auszubreiten.

Er wandert trotz Fieber und intensiver Erschöpfung in der Wohnung herum, ändert ständig seine Lage und reagiert wegen seiner Schmerzen auf Berührung sehr empfindlich.

Typisch ist bei dem **Lachesis-Hund**, dass die Beschwerden häufig im Schlaf entstehen oder sich im Schlaf verschlechtern.

Fieber, Atemnot, ein schwacher Puls und heftige Aggressionen können seine Erkrankung begleiten.

RHUS TOXICODENDRON

der gelenkige Giftefeu

Die Schmerzen des **Rhus-toxico-dendron-Hundes** werden durch eine Erkältung, Durchnässung, Regen, Sturm, Überanstrengung oder eine Verletzung ausgelöst oder verschlimmert. Häufig sind **Rhus-toxicodendron-Hunde** alt und haben Abnutzungserscheinungen der Gelenke. Nachdem sie länger gelegen haben, ist das Aufstehen für sie unangenehm, weil die Gelenke schmerzen und steif sind. Mit der Bewegung wird ihre Lahmheit weniger, im Sommer sind ihre Beschwerden unauffälliger als im nasskalten November.

Es kann sein, dass **Rhus-toxicodendron-Tiere** unter Hautauschlägen mit Pusteln und starkem Juckreiz leiden, eine Blasenentzündung, Fieber und Rückenschmerzen haben. In jedem Fall erhält ein **Rhus-toxicodendron-Hund** durch Wärme und leichte Bewegung eine Linderung seiner Beschwerden.

10

HEPAR SULFURIS
die eiternde Kalkschwefelleber

Bei dem **Hepar-sulfuris-Hund** hat sich, meistens durch den Biss eines anderen Hundes, ein Abszess gebildet. Dieser ist sehr schmerzhaft bei Berührung, aber er öffnet sich nicht, der Eiter kann nicht abfließen. Manchmal sind die Lymphknoten, die in der Nähe liegen, verhärtet und geschwollen. Der wenige Eiter, der austritt, stinkt nach Käse, ist dick und gelb. Bei dem **Hepar-sulfuris-Tier** kann der Eiter nach außen abfließen, es leidet nie unter einer bakteriellen Infektion in einem geschlossenen Bereich, z. B. dem Gelenk oder einer Zahnwurzel.

Durch den Schmerz und die Entzündung ist der Hund gereizt und überempfindlich. Weil ihm kalt ist und er sich durch äußere Einflüsse gestört fühlt, sucht er sich ein ruhiges warmes Plätzchen.

ZINCUM METALLICUM
der ruhig machende Zink

Selten zur Ruhe kommt der **Zin-cum-metallicum-Hund**. Immer ist er angespannt.

Er erschrickt häufig durch Geräusche. Seine Unaus-geglichenheit führt dazu, dass er manchmal im Schlaf zusammenzuckt, zittert und große Probleme hat, nachts einzuschlafen.

Deshalb ist er am Tag müde und antriebslos. Er hat evtl. Beschwerden ohne organische Ursache entwickelt, die eindeutig durch Stress verursacht werden.

Manche **Zincum-metallicum-Hunde** haben außerdem Schmerzen, die von einem berührungsempfindlichen, schwach bemuskelten Rücken ausgehen und über den Rücken in den Kopf und die Beine ausstrahlen.

SILICEA
die flexible Kieselerde

Der **Silicea-Hund** benötigt Unterstützung seiner Selbstheilungskräfte, damit seine Entzündungen und Wunden schneller zur Abheilung kommen.

Möglicherweise hat er Gewebsverhärtungen (Narben, Fisteln), die aufgeweicht werden müssen, oder ein zu schwaches Gewebe (Knochenbrüche, empfindliche Haut, Zahnfleisch), das eine Verdichtung, Stärkung benötigt. In manchen Fällen plagen langwierige Infekte mit Eiterneigung u. a. der Haut, der oberen Atemwege und der Ohren das **Silicea-Tier**.

Der Besitzer braucht bei der Gabe von Globuli Geduld, denn der **Silicea-Hund** reagiert sehr langsam, zum Teil erst nach Monaten.

BRYONIA

die trockene Zaunrübe

Wenn sich die Symptome Deines Hundes allmählich entwickeln, sich bei jeder Bewegung und Berührung verstärken, dann ist er möglicherweise ein **Bryonia-Hund**.

Besonders auffällig ist bei ihm, dass er großen Durst hat. Die Schwellungen der kranken Gewebe zeigen keine Rötung, seine Schleimhäute sind trocken. Häufig leidet er unter starken Schmerzen im Rücken, den Muskeln, den Nerven oder den Gelenken, lahmt sehr deutlich und möchte sich auf keinen Fall bewegen. Ruhe und kühlende Anwendungen schenken ihm eine Erleichterung der Symptome.

Manche **Bryonia-Hunde** werden von Beschwerden der Atemwege und der Blase geplagt.

14

CALENDULA
die hautfreundliche Ringelblume

Die Haut des **Calendula-Hundes** ist wund, eitert leicht und hat eine schlechte Heilungstendenz. Er benötigt eine Linderung der Entzündungsprozesse, eine Vorbeugung gegen Infektionen und eine Förderung der Bildung von neuem Gewebe.

HARPAGOPHYTUM
die schmerzhafte Teufelskralle

Genauso wie der **Rhus-toxicodendron-Hund** leidet auch der **Harpagophytum-Hund** an einer Arthrose der großen Gelenke (Hüfte, Knie, Kreuzdarmbeingelenk) oder unter den Folgen einer Abnutzung der Bandscheiben.

Bei beiden liegen häufig Bewegungseinschränkungen und starke Schmerzen vor.

Beiden helfen Wärmeanwendungen und warmes Wetter.

Die Symptome des **Harpagophytum-Hundes** verbessern sich jedoch nicht in der Bewegung, sondern nur durch Ruhe.

LEGENDE

▶ **Häufiger Auslöser**

▲ **Verbesserung durch**

▼ **Verschlechterung durch**

ENTZÜNDUNGEN DER OBEREN ATEMWEGE (RACHEN, KEHLKOPF, NASE, NEBENHÖHLEN)

Die Schleimhäute der oberen Atemwege sind durch eine Infektion mit Viren oder Bakterien entzündet. Sie sind geschwollen, schmerzhaft, sondern eine Gewebeflüssigkeit ab, die wässrig bis dick, gelb und eitrig sein kann. Meist sind die Symptome auf das betroffene Gebiet begrenzt. Der Hund leidet unter Halsschmerzen, Schluckstörungen, Schnupfen, niest, hat weniger Appetit und in manchen Fälle eine leicht erhöhte Bedürfnis nach Ruhe und Schlaf.

ACONITUM

Stadium 1

Schleimhäute heiß, rot, leicht geschwollen, Atemnot, schneller Puls, Fieber, Angst, viel Durst
► kalter Wind
▲ frische Luft, Ruhe
▼ warme Räume, abends und nachts

BELLADONNA

Stadium 2

Schleimhäute heiß, dunkelrot, stark geschwollen, sehr schmerzhaft, Fieber, große Reizbarkeit
▲ ruhige Umgebung
▼ Hitze

NUX VOMICA

Fließschnupfen an der frischen Luft, in warmen Räumen verstopfte Nase
▲ kurzer Schlaf
▼ Kälte, Zugluft, Wind, Stress

HEPAR SULFURIS

Ausfluss massiv, dicklich gelb, festhaftende gelbe Beläge auf den Schleimhäuten
► Kältereize
▼ abends und nachts

PULSATILLA

Milder, eitriger Ausfluss, gelb bis grün, zäh abgehend, Hund anhänglich
▲ frische Luft, leichte Bewegung, Trost
▼ nachts

AKUTE BRONCHITIS

Erreger sind in die unteren Atemwege (die Bronchien, die die Luft von der Luftröhre in Richtung Lunge transportieren) eingedrungen, haben in diesem Bereich eine Entzündung, Verdickung der Schleimhäute verursacht. Der Hund versucht durch Abhusten das flüssige zähe Sekret, das von den Schleimhäuten gebildet wird, nach außen zu transportieren. Das Atmen fällt schwer, seine Leistungsfähigkeit ist deutlich eingeschränkt. Eine Besiedlung des Lungengewebes mit Erregern muss verhindert werden, genauso eine chronische Entzündung.

 ## ACONITUM

Stadium 1

Schleimhäute heiß, trockener, quälender Husten, wenig Ausfluss, fest, blutig, Atemnot, viel Durst
► kalter Wind
▲ frische Luft und Ruhe
▼ warme Räume, abends und nachts

BELLADONNA

Stadium 2

bellender Husten mit ständigem Hustenreiz, wenig
Ausfluss, dünn weiß oder aus hellem, geronnen Blut,
große Reizbarkeit
▲ ruhige Umgebung
▼ Hitze

HEPAR SULFURIS

Rasselnder Husten, zäher, gelber Auswurf, Atemnot
► Kältereize
▼ abends und nachts

RHUS TOXICODENDRON

Quälende Hustenanfälle, klumpig, übel riechender
Auswurf
▲ Wärme, Bewegung
▼ Kältereize

PULSATILLA

Trockener, quälender Husten, morgendlicher, verstärk-
ter Auswurf, weiß, schleimig, Atemnot
▲ frische Luft, leichte Bewegung, Trost
▼ nachts

BRYONIA

Husten, trocken mit wenig, wässrigem Auswurf

▲ absolute Ruhe

▼ Bewegung

CHRONISCHE BRONCHITIS

Die akute Entzündung der Bronchien ist nicht vollständig abgeheilt. Es hat sich aus ihr eine dauerhafte Erkrankung der Bronchien entwickelt. Deren Schleimhäute sind ständig geschwollen, mit einem Entzündungssekret überlagert, wodurch weniger Atemluft in die Lunge gelangen kann. Deshalb wird der Hund in späteren Stadien nicht nur durch den chronischen Husten, sondern auch durch eine zunehmende Atemnot bei Anstrengung, später sogar in Ruhe belastet. Durch die Erkrankung der Bronchien wird der Bluttransport zum Herz beeinträchtigt. Die Leistungsfähigkeit des Herzens nimmt ab.

NUX VOMICA

Intensive Hustenanfälle, Atemnot, Auswurf, gelblichgrauer, kalter Schleim, Nervosität
▲ kurzer Schlaf
▼ Kälte, Zugluft, Wind, Stress

ACONITUM

Chronische Entzündung mit akuter Atemnot, schneller Puls, viel Durst, Angst
► kalter Wind
▲ frische Luft und Ruhe
▼ warme Räume, abends und nachts

HEPAR SULFURIS

Rasselnder Husten, zäher, gelber Auswurf, Atemnot
► Kältereize
▼ abends und nachts

RHUS TOXICODENDRON

Quälende Hustenanfälle, klumpig, übel riechender
Auswurf
▲ Wärme, Bewegung
▼ Kältereize

PULSATILLA

Trockener, quälender Husten, morgendlicher, verstärk-
ter Auswurf, weiß, schleimig, Atemnot
▲ frische Luft, leichte Bewegung, Trost
▼ nachts

BINDEHAUTENTZÜNDUNG

Wenn Zugluft, ein Fremdkörper oder Erreger die Bindehaut des Hundeauges reizt, reagiert diese mit Schwellung und vermehrtem Tränenfluss. Der Hund kann das Auge nicht öffnen, reagiert empfindlich auf Licht und hat Schmerzen. Um eine Verletzung der tieferen Strukturen des Auges auszuschließen, empfiehlt sich bei dramatischen Beschwerden eine Untersuchung durch den Tierarzt.

 ## ACONITUM

Stadium 1

Hitze und Rötung des Auges, kaum Tränenfluss, sehr lichtempfindlich, starke Schmerzen, Hornhautverletzung, Angst, viel Durst
► scharfer Wind, Zugluft, Fremdkörper

 ## BELLADONNA

Stadium 2

Hitze und Rötung des Auges, deutlicher Tränenfluss, starke Schmerzen, Juckreiz, Auge sehr lichtempfindlich, große Reizbarkeit
▲ ruhige Umgebung
▼ Hitze

APIS

Bindehaut blass gerötet, Tränenfluss, Schwellung der Augenlider und unter den Augen wie nach einem Bienenstich

▲ kühle Luft, kalte Anwendungen

▼ Berührung

PULSATILLA

Eitriger, zäher, milder Ausfluss, reichlich, dick, gelb, verklebte Augenlider morgens, Entzündung des Lidrandes

▲ frische Luft, leichte Bewegung, Trost

▼ nachts

HEPAR SULFURIS

Ausfluss dick, eitrig, übel riechend,
Geschwüre der Lidränder, große Lichtempfindlichkeit

▶ Kältereize

▼ abends und nachts

SULFUR

Schwellung und Tumore der Augenlider, Tränenfluss, Lidrand gerötet, verklebte Augenlider morgens

▲ frische Luft, trockenes, warmes Wetter

▼ innere Hitze ohne Schweiß

ARTHROSE

Hinter diesem Begriff verbirgt sich die Abnutzung des schützenden Knorpels in einem Gelenk. Durch ihn reiben die Knochen, die das Gelenk bilden, nicht gegeneinander, sondern die zwei Knorpelschichten berühren sich gleitend. Der Abbau des Knorpels ist im hohen Alter normal. Bei jüngeren Tieren entsteht er durch Überlastung, Mangelernährung, falsche Haltung, Fehlstellungen und verletzungsbedingt. Das Gelenk entzündet sich schmerzhaft durch das Aufeinanderreiben der Knochenenden (Arthritis), das Knochengewebe vermehrt sich, die Beweglichkeit des Gelenkes nimmt ab.

 ## RHUS TOXICODENDRON

Lahmheit, steife Bewegungen

▲ Wärme, Bewegung

▼ erste Schritte, Überanstrengung, Ruhe, nass kaltes Wetter

 ## HARPAGOPHYTUM

Lahmheit, steife Bewegungen

▲ Wärme, Ruhe

▼ Bewegung

BLUTERGÜSSE

Durch äußere Einwirkung auf den Körper (Stoß, Schlag, Tritt, Biss) werden die dünnen Haargefäße im Bindegewebe zerstört, das Blut tritt in das Gewebe über und führt dort zu einer schmerzhaften Schwellung. Der Körper ist in der Lage, den Bluterguss selber abzubauen. Eine Unterstützung der Selbstheilungskräfte ist sinnvoll, wenn das Hämatom durch seine Lage und/oder Größe die Bewegungsmöglichkeiten des Hundes einschränkt, nicht zurückgebildet wird und eine Tendenz zur Verkapselung zeigt.

 ## ARNICA

Als Unfallfolge, bei Quetschungen, durch Operationen
▲ Wärme, Ruhe
▼ Bewegung, Berührung

LACHESIS

Neigung zu Blutergüssen, kleine Wunden bluten stark
▲ warme Auflagen
▼ Hitze, leichte Berührung

GELENKENTZÜNDUNG

 ## ACONITUM

Stadium 1

stürmischer Beginn, Schwellung leicht, hellrot, glänzend, sehr schmerzhaft, Fieber, Atemnot, schneller Puls, Angst, viel Durst
▲ Ruhe
▼ Bewegung, abends und nachts

 ## BELLADONNA

Stadium 2

massive Schwellung mit großer Hitze, sehr schmerzhaft, Fieber, große Reizbarkeit
▲ ruhige Umgebung
▼ Hitze

 ## APIS

Massive, teigige, warme Schwellung, Dellen bleiben bei Druck mit dem Finger stehen, extrem berührungsempfindlich
▲ kühle Luft, kalte Anwendungen
▼ Berührung

 **BRYONIA**

Schwellung ohne Hitze, massive Lahmheit, Abneigung gegen jede Bewegung, großer Durst

▲ absolute Ruhe

▼ Bewegung

HÜFTGELENKSDYSPLASIE

Durch die angeborene Fehlentwicklung des Hüftgelenkes des Hundes entsteht eine frühe Arthrose des Gelenkes mit typischen Symptomen wie Schmerz, Lahmheit, Bewegungsvermeidung und einer langen Anlaufphase.

 ## RHUS TOXICODENDRON

Lahmheit, steife Bewegungen

▲ Wärme, Bewegung

▼ erste Schritte, Überanstrengung, Ruhe, nass kaltes Wetter

 ## HARPAGOPHYTUM

Lahmheit, steife Bewegungen

▲ Wärme, Ruhe

▼ Bewegung

RÜCKENSCHMERZ

Der Schmerz der Wirbelsäule wird meist durch eine Verspannung der Muskulatur des Hundes verursacht, selten durch eine Entzündung eines Nervs. Diese entsteht im Rahmen einer Durchnässung, durch Zugluft, schlechten Trainingszustand oder Überanstrengung.

RHUS TOXICODENDRON

Muskulatur verspannt, Bewegungseinschränkungen
▶ Unfall, kalte Nässe, Überanstrengung
▲ Wärme, andauernde Bewegung
▼ erste Schritte, Überanstrengung, Ruhe, nasskaltes Wetter

ARNICA

Schmerz in der Folge von Muskelverletzungen, Zerrungen, Blutergüssen
▶ Unfälle, Stürze, Zusammenstöße, Überanstrengung
▲ Wärme, Ruhe
▼ Bewegung, Berührung

NUX VOMICA

Muskulatur verspannt in Nackenbereich und Lendenwirbelsäule, Hochreißen des Kopfes, Lähmung und Schwäche in den Beinen
▲ kurzer Schlaf
▼ Kälte, Zugluft, Wind, Stress

ACONITUM

Plötzlich auftretende Steifigkeit und Schmerz in der Halswirbelsäule, Schmerz strahlt aus in die Lendenwirbelsäule

► Zugluft, fieberhafter Infekt, Angst
▲ Ruhe
▼ Bewegung, Berührung

BELLADONNA

Hochdramatische Symptomatik, grausame Schmerzen mit taumelndem, unsicheren Gang, Vermeidung jeder Lageänderung

▲ ruhige Umgebung
▼ kleinste Bewegung, Erschütterung

BRYONIA

Schmerz in Nackenbereich und Lendenwirbelsäule, aggressive Reaktion auf Berührung, großer Durst

▲ absolute Ruhe
▼ Bewegung, Wärmeanwendungen

ZERRUNG

Eine schmerzhafte Überdehnung der Muskulatur oder der Gelenkbänder durch Vertreten, Überlastung, Sturz.

ARNICA

▲ Wärme, Ruhe
▼ Bewegung, Berührung

RHUS TOXICODENDRON

▲ Wärme, andauernde Bewegung
▼ erste Schritte, Überanstrengung

BRYONIA

▲ absolute Ruhe
▼ Bewegung, Wärmeanwendungen

BLUTOHR

Ein ausgedehnter Bluterguss bildet sich im äußeren Teil des Ohres des Hundes, verursacht durch starkes Kopfschütteln, eine Entzündung des Ohres mit Juckreiz und häufigem Scheuern. Unbehandelt kann er zu einer Verformung des Ohres führen.

 ## APIS

Massive, warme Schwellung des Ohres
▲ kühle Luft, kalte Anwendungen
▼ Berührung

 ## ARNICA

Blutergüsse drücken auf das Gewebe, sind zum Teil sichtbar
▲ Wärme
▼ Berührung

MITTELOHRENTZÜNDUNG

Die Entzündung der innen liegenden Schleimhäute des Ohres entsteht häufig durch einen Übertritt von Erregern aus dem Rachen und/oder den Nebenhöhlen im Rahmen einer Erkältung. Sie ist schmerzhaft. Ein Befall des Trommelfells muss verhindert werden.

 PULSATILLA

Eitriger, zäher, milder Ausfluss, reichlich, dick, gelb
▲ frische Luft, leichte Bewegung, Trost
▼ nachts

ACONITUM

Stadium 1

Innenohr rot, leicht geschwollen, Atemnot, schneller Puls, Fieber, Angst, viel Durst
▶ kalter Wind
▲ frische Luft, Ruhe
▼ warme Räume, abends und nachts

BELLADONNA

Stadium 2

Innenohr dunkelrot, stark geschwollen, sehr schmerzhaft, Fieber, große Reizbarkeit
▲ ruhige Umgebung
▼ Hitze

 **HEPAR SULFURIS**

Dicker, gelber, blutiger Ausfluss, übel riechend
▶ Kältereize
▼ abends und nachts

OHRENENTZÜNDUNGEN, ÄUSSERLICHE

Durch z. B. Milben, Allergien, Infektionen oder Ohrschmalz entzündet sich der äußere Gehörgang. Der Hund schüttelt den Kopf und kratzt sich häufig.

PULSATILLA

Eiterbelag in Ohrmuschel, starker Juckreiz, Kopfschütteln, Kratzen, Scheuern
▲ frische Luft, leichte Bewegung, Trost
▼ nachts

HEPAR SULFURIS

Übel riechendes gelbes Sekret, eine schmerzhafte Entzündung, starke Empfindlichkeit auf Berührungen
▶ Kältereize
▼ abends und nachts

OHRENENTZÜNDUNGEN, ÄUSSERLICHE

BELLADONNA

Ohrmuschel plötzlich entzündet, rot, geschwollen und heiß, sehr berührungsempfindlich

▲ ruhige Umgebung
▼ Hitze

SULFUR

Haut trocken, schuppig, hellrot, starker Juckreiz

▲ trockenes, warmes Wetter, Bewegung
▼ Wasseranwendungen

ABSZESS

Wir sprechen von einem Abszess, wenn Bakterien (z. B. durch einen Biss) in das Gewebe eindringen, sich dort massiv vermehren, Gewebe zerstören und das eiternde Gewebe vom Körper mit einer Kapsel abgegrenzt wird. Heilung kann entstehen, wenn die Kapsel sich öffnet und der Eiter abfließt.

 HEPAR SULFURIS

Sehr schmerzhaft, gelblicher Eiter sichtbar, Lymphknoten in Abszessnähe hart, verdickt
▼ Berührung, kalte Anwendungen

ARNICA

Kein Eiterabfluss, Abszess schrumpft, ein Rest bleibt
▼ Berührung

APIS

Massive, glänzende Schwellung mit leichter Rötung, sehr berührungsempfindlich
▲ kalte Anwendungen
▼ Berührung

BELLADONNA

Schnelle Reifung des Abszesses, massive Schwellung mit intensiver Hitze, Rötung, sehr schmerzhaft, Fieber, große Reizbarkeit
▼ Wärme, Berührung

EKZEM

Eine Erkrankung der äußeren Hautschicht mit unterschiedlichen Ursachen, verschiedenartigen Hautausschlägen, meist mit Juckreiz und Schwellungen einhergehend. Ein chronischer Verlauf ist typisch.

RHUS TOXICODENDRON

Bläschenausschlag, bakteriell infiziert, Haut trocken, rau, rot, geschwollen, starker Juckreiz
▲ Wärme

HEPAR SULFURIS

Ausschlag feucht, mit Schorf, bakteriell infiziert
▼ Berührung, kalte Anwendungen

SULFUR

Schuppig, nässend, bakteriell infiziert, Haut rot, warm, heftigster Juckreiz
▲ trockenes, warmes Wetter, Bewegung
▼ innere Hitze, Wasseranwendungen

APIS

Massive, warme Schwellung, große Berührungsempfindlichkeit
▲ kalte Anwendungen
▼ Berührung

BELLADONNA

Haut stark geschwollen, trocken, glänzend, heiß, rot, massiver Schmerz, Fieber, große Reizbarkeit

▲ ruhige Umgebung
▼ Wärme, Berührung

CALENDULA

Ausschlag infiziert, Haut wund, entzündet, schlechte Heilungstendenz

JUCKREIZ

 NUX VOMICA

Haut ohne auffallende Symptome
► Nervosität, Hektik, Stress
▲ kurzer Schlaf
▼ Kälte, Zugluft, Wind, Stress

SULFUR

Haut, trocken, rau, ekzematös, sehr starker Juckreiz
▲ frische Luft, trockenes warmes Wetter, Bewegung
▼ innere Hitze, Wasseranwendungen

HEPAR SULFURIS

Haut trocken, rau, rot, Ausschlag, geschwollen, starker Juckreiz
▲ Wärme
▼ Berührung, kalte Anwendungen

LACHESIS

Haut blaurot verfärbt, infiziert, Ausbreitung der Entzündung, starker Juckreiz, große Unruhe
▲ warme Auflagen
▼ Berührung

NESSELSUCHT

Eine Überreaktion des Körpers auf Nahrungsmittel, Medikamente u. a., die sich in einer Veränderung der Haut äußert, die mit ihren Quaddeln an eine Hautentzündung nach dem Kontakt mit Brennnesseln erinnert.

APIS

Haut stark geschwollen, glänzend, warm und hellrot, große Berührungsempfindlichkeit, Fieber, Angst
▲ kalte Anwendungen
▼ Berührung

RHUS TOXICODENDRON

Bläschenausschlag, Unterhaut deutlich geschwollen, gerötet, starker Juckreiz
▲ Wärme

LACHESIS

Abgegrenztes Areal betroffen, schmerzhaft, starker Juckreiz
▲ warme Auflagen
▼ Berührung

WUNDE

HEPAR SULFURIS

Wunde infiziert, dickes, gelbes, übel riechendes Sekret, die kleinsten Verletzungen eitern, schlechte Heilungstendenz

▲ Wärme

▼ Berührung, kalte Anwendungen

CALENDULA

Wunde infiziert, gerissen, mit Substanzverlust, schlechte Heilungstendenz

SILICEA

Wundinfektion, Neigung zur Bildung von wildem Fleisch

HERZSCHWÄCHE

Bei einer Herzschwäche ist die Pumpleistung des Herzmuskels akut oder chronisch eingeschränkt. Dadurch ist die Sauerstoffversorgung des Körpers vermindert und die Leistungsfähigkeit des Hundes nimmt ab.

ACONITUM

Hoher Puls, Atemnot, große Mattigkeit, evtl. Ohnmacht, Angst, viel Durst
► fieberhafter Infekt, Angst
▲ Ruhe
▼ Bewegung, Berührung

PULSATILLA

Schneller Puls und Atmung, große Schwäche
► drückende Hitze, stickige Räume
▲ frische Luft, leichte Bewegung, Trost
▼ nachts

RHUS TOXIKODENDRON

Hoher Puls, Atemnot, große Unruhe
► Anstrengung, Kälte
▲ Bewegung, Wärme
▼ kaltnasses Wetter, Überanstrengung

ARNICA

Akute Herzschwäche, hoher Puls, Atemnot

►Verletzung, Schock, Unfall

▲Wärme, Ruhe

▼Bewegung, Berührung

ABWEHRSCHWÄCHE

Das Immunsystem des Hundes kann sich nicht gut gegen Erreger zur Wehr setzen. Dadurch nimmt die Häufigkeit an Infekten zu, die länger andauern und mit hartnäckigen Symptomen einhergehen.

 ## PULSATILLA

Regelmäßige, sich langsam entwickelnde eitrige Infekte

▶Kälte, Nässe

 ## LACHESIS

Neigung zu sich aggressiv ausbreitenden Infektionen

 ## SULFUR

Immunsystem durch häufige Antibiotikagaben und Impfungen geschwächt, Tiere haben struppiges Fell und unangenehmen Körpergeruch

 ## CALENDULA

Wunden, verletzte Haut neigt zu Infektionen

ALLERGIE

Eine überschießende Reaktion des Immunsystems auf normalerweise harmlose Stoffe (z. B. Nahrungsmittel und Gräser) mit Symptomen an unterschiedlichsten Organsystemen.

RHUS TOXICODENDRON

Allergischer Hautauschlag, kleine, wassergefüllte Bläschen, Haut geschwollen, rot, starker Juckreiz
▲ Bewegung, Wärme
▼ Kältereize

APIS

Massive allergische Schwellung des Gewebes, warm, hellrot, große Berührungsempfindlichkeit
▶ Insektenstiche (Flöhe, Milben, Läuse etc.)
▲ kalte Anwendungen
▼ Berührung

PULSATILLA

Allergisches Asthma, anfallsweise Atemnot und Schnupfen
▲ frische Luft, leichte Bewegung, Trost
▼ nachts

SULFUR

Allergischer Hautausschlag, Haut rot, warm, schuppig, nässend, bakteriell infiziert, sehr starker Juckreiz
▶Insektenstiche (Flöhe, Milben, Läuse etc.), Futtermittel, andere Auslöser
▲frische Luft, warmes Wetter, Bewegung
▼Wasseranwendungen

NUX VOMICA

Allergische Symptome des Magendarmtraktes, Durchfall, Erbrechen, Bauchkrämpfe
▶Nahrungsmittel
▲kurzer Schlaf
▼Stress

FIEBER

 **BELLADONNA**

Stadium 2, große Reizbarkeit
▲ ruhige Umgebung
▼ Hitze

ACONITUM

Stadium 1, stürmischer Beginn, Atemnot, schneller Puls, Fieber, Angst, viel Durst
▶ Kalter Wind
▲ frische Luft, Ruhe
▼ warme Räume, abends und nachts

RHUS TOXICODENDRON

Schüttelfrost, Atemnot
▶ Kältereize
▲ Wärme, Bewegung
▼ kaltnasses Wetter, Überanstrengung

ANALDRÜSENENTZÜNDUNG

Der Analbeutel enthält ein Sekret zur Duftmarkierung. Wenn dieses sich dort staut, kann eine bakterielle Infektion des Analbeutels und der Analdrüse zu einer schmerzhaften Infektion führen. Da die Gefahr der Abszessbildung besteht, ist eine genaue Beobachtung der Entzündung sehr wichtig.

BELLADONNA

Drüse plötzlich heiß, rot, geschwollen, schmerzhaft
▲ ruhige Umgebung
▼ Hitze

SULFUR

Analdrüse blutet, ist geschwollen, neigt zu wiederkehrenden Entzündungen mit starkem Juckreiz

HEPAR SULFURIS

Sehr schmerzhaft, Lymphknoten verdickt
▼ Berührung, kalte Anwendungen

BAUCHSCHMERZEN/KOLIK

Schmerzzustände, die im Bauchraum des Tieres lokalisiert sind, können unterschiedlichste Ursachen haben, harmlos sein oder lebensgefährlich. Deshalb muss das Tier auf jeden Fall einem Tierarzt vorgestellt werden. Bis zum Beginn der Behandlung kann das Tier durch die Gabe homöopathischer Mittel unterstützt werden.

BELLADONNA

Extremer Schmerz, große Reizbarkeit, tobt, rennt hin und her, reagiert unberechenbar
► Anstrengung
▲ ruhige Umgebung
▼ Hitze

NUX VOMICA

Krampfkolik
► Aufregung, Überfressen, kaltes Wetter
► Nervosität, Hektik, Stress
▲ kurzer Schlaf
▼ Kälte, Zugluft, Wind, Stress

ACONITUM

Erste Kolikanzeichen, sehr schmerzhaft, Atemnot, schneller Puls, Angst, viel Durst
► kalter Wind

▲ frische Luft, Ruhe
▼ warme Räume, abends und nachts

 **LACHESIS**

Sehr schmerzhafte Kolik, aufgeblähter Bauch, Schwitzen, Herzrasen, drohender Kollaps, heftige Aggressionen, gefährliche Angriffe
► warme Auflagen
▼ Schlaf, Hitze, Berührung

BLÄHUNGEN

 NUX VOMICA

Kurz nach den Mahlzeiten, mit Krämpfen, Bauch aufge-
trieben
▶Futterwechsel, Stress
▲kurzer Schlaf
▼Stress

DURCHFALL

 **SULFUR**

Chronischer morgendlicher übel riechender Durchfall im Wechsel mit Verstopfung

▲ warmes Wetter

 **NUX VOMICA**

Mit Schleim, nach Infektionen

► Futterwechsel, Stress

▲ kurzer Schlaf

▼ Stress

PULSATILLA

Wechselnde Konsistenz, schleimig

► frische Luft, leichte Bewegung, Trost

▼ nachts

 NUX VOMICA

▶Überfressen, sehr schnelles Fressen, ungeeignete Nahrungsmittel
▲kurzer Schlaf
▼Stress

GASTRITIS

Eine Entzündung der Schleimhaut des Magens, die mit Schmerz und Appetitlosigkeit einhergeht. Auslöser können z. B. Stress sein, Fehlernährung, Magendarm-Viren.

 NUX VOMICA

Hohe Schmerz- und Druckempfindlichkeit, Wechsel zwischen Heißhunger und Appetitlosigkeit
► Futterwechsel, Stress
▲ kurzer Schlaf
▼ Stress

 PULSATILLA

wenig Durst
► Fütterungsfehler
▲ frische Luft, leichte Bewegung, Trost
▼ nachts

LEBERSCHWÄCHE

Erreger, Giftstoffe, Medikamente oder andere Substanzen gelangen mit dem Blut in die Leber und führen dort auf Dauer zu dem Abbau von Zellen, wodurch die Leistungsfähigkeit des Organes eingeschränkt wird.

LACHESIS

Akute, chronische Erkrankungen, Apathie, Abmagerung, Bindehäute zeigen gelbe oder orangene Farbe
▲ frische Luft, warme Auflagen
▲ Schlaf, Hitze, leichte Berührung

NUX VOMICA

Schädigung der Leber
▶ Giftstoffe in der Nahrung, verdorbenes Futter, Medikamente, andere Toxine

VERSTOPFUNG

 ## NUX VOMICA

Wechsel bei Stress zu Durchfall
► Bewegungsmangel, Fütterungsfehler

 ## SULFUR

Im Wechsel mit Durchfall tritt schmerzhafter Stuhlabgang auf, entzündeter Anus, trockener stinkender Kot

BLASENENTZÜNDUNG

Eine Entzündung der Schleimhaut der Harnblase geht mit Schmerzen beim Urinieren einher, Blasenentleerungsstörungen, einer Veränderung der Urinfarbe. Evtl. wird sie begleitet von Fieber und Mattigkeit. Weil immer die Gefahr besteht, dass die Erreger sich über den Harnleiter bis in die Nieren ausbreiten, muss der Krankheitsverlauf engmaschig überwacht werden.

 ## PULSATILLA

Gesteigerter Harndrang, unkontrollierter, tröpfchenweiser Harnabgang, Harn sehr dunkel oder hell wie Wasser
► Durchnässung, Auskühlung
▲ frische Luft, leichte Bewegung, Trost
▼ nachts

 ## RHUS TOXICODENDRON

Gesteigerter Harndrang, tröpfchenweises Urinieren, heißer, dunkler Urin, Fieber
► Durchnässung
▲ Wärme, Bewegung
▼ Kältereize

BLASENSCHWÄCHE

Ein stubenreiner Hund kann mit seinem Willen die Harnabgabe steuern. Dieser Mechanismus funktioniert bei einem Tier, das unter einer Blasenschwäche leidet, nicht sicher. Ursache hierfür kann eine Schädigung der Blase durch die Sterilisation sein, bei einem sehr alten Hund eine verringerte Hirnleistung.

 ## PULSATILLA

Unkontrollierter Harnabgang
▶ Sterilisation, Freude bei Begrüßung, Stress, Schimpfen des Besitzers

 ## BRYONIA

Unkontrollierter Harnabgang
▶ Bewegung, Spazierengehen

ENTGIFTUNG

Im Bereich der Naturheilkunde beschreibt der Begriff eine Reinigung des Körpers von schädlichen Stoffen (Medikamentenrückstände, Farb- und Konservierungsstoffe, Umweltgifte etc.) durch eine Aktivierung der wichtigen Ausscheidungsorgane Leber, Niere und Darm.

 ## NUX VOMICA

Nach Wurmkuren, Narkose, Antibiotikagaben, schädlichem Futter

 ## SULFUR

Regt die Toxinausscheidung über Leber, Niere, Darm an, entlastet durch die Entgiftung erkrankte Haut

VERGIFTUNG

Giftige Substanzen (Rattengift, Giftpflanzen etc.) gelangen meist durch den Verdauungstrakt in den Blutkreislauf des Tieres. Bereits bei Verdacht kann der Besuch einer Tierklinik lebensrettend sein.

NUX VOMICA

Schädigung des Magendarmtraktes, der Leber
▶ Giftstoffe in der Nahrung, verdorbenes Futter, Medikamente, andere Toxine

AGGRESSIVITÄT

▤ LACHESIS

▶ unbegründete Eifersucht, großes Misstrauen, Dominanz des Halters

▲ frische Luft, warme Auflagen

▼ nach Schlaf, durch Hitze, leichter Berührung

NUX VOMICA

Hund nervös, steht unter Stress, Daueranspannung
►Erinnerungen, Männer, Alleinsein, unangenehme Geräusche

BELLADONNA

Tier wird von der Krankheit überrascht, ist unvorbereitet massiv krank, großer Schmerz, schlechtes Allgemeinbefinden
▲ ruhige Umgebung

ACONITUM

Heftige Ängste, viel Durst, der Hund ist nicht ansprechbar, nicht zu beruhigen
►Schüsse, Knallkörper, Unfälle
▲ frische Luft, Ruhe
▼ warme Räume, abends und nachts

PULSATILLA

Wirkt nach außen ruhig, ist aber oft angespannt, große Anhänglichkeit, sanfter Hund mit schwachem Selbstbewusstsein
►Alleinsein
▲ frische Luft, leichte Bewegung, Trost
▼ nachts

LEISTUNGSSCHWÄCHE/MÜDIGKEIT

LACHESIS

Apathie, Allgemeinbefinden stark beeinträchtigt
▶ Lebererkrankung
▲ frische Luft
▼ Schlaf

SILICEA

▶ Mangel an Lebenskraft, geringes Selbstvertrauen

ZINCUM METALLICUM

▶ schlechter Schlaf in der Nacht
▼ für den Hund beunruhigende äußere Faktoren

NERVOSITÄT

RHUS TOXICODENDRON

Extreme Ruhelosigkeit, kann sich nicht entspannen, will sich immer bewegen, große Unruhe nachts

▲ Bewegung

▼ Ruhe

ZINCUM METALLICUM

Tier schreckt schnell hoch, geräusch- und berührungs-empfindlich, angespannt, eifersüchtig, schläft schlecht

SCHOCK

Der Hund ist durch einen großen Schreck, einen Unfall wie erstarrt, da sein Gehirn das Erlebte nicht einordnen kann. Er benötigt Zuspruch und Ruhe, um das Ereignis verarbeiten zu können.

ARNICA

Will sich nicht anfassen lassen, möchte seine Ruhe haben, sich hinlegen

▶ Verletzung, Schock, Unfall

▲ Wärme, Ruhe

▼ Bewegung, Berührung

SONNENSTICH

Durch langandauernde, intensive Sonneneinstrahlung auf den Schädel des Hundes kommt es zu einer Überhitzung der Hirnhaut und des Hirngewebes.

APIS

Großer Schmerz und Unruhe, Angst, Schüttelfrost, Schwäche, Berührungsempfindlichkeit
▲ kühle Luft, kalte Anwendungen
▼ Berührung

ACONITUM

Stürmischer Beginn, sehr schmerzhaft, Atemnot, schneller Puls, Fieber, Angst, viel Durst
▲ frische Luft, Ruhe
▼ warme Räumen, abends und nachts

BELLADONNA

Sehr schmerzhaft, Fieber, große Reizbarkeit
► ruhiger Umgebung
▼ Hitze

Besonders bei ernsthaften Erkrankungen muss in jedem Fall zusätzlich zu der Gabe eines homöopathischen Mittels umgehend eine Behandlung durch einen Tierarzt erfolgen.

Potenz D6, D12

Bitte wende bei Deinem Hund die homöopathischen Mittel ausschließlich in der Verdünnungsstufe D6, D8, D10 oder D12 an.

Pro Gabe gibst Du je nach Gewicht des Hundes

3 – 8 Tropfen
3 – 8 Globuli
½ – 2 Tabletten

Hoch akute Symptome

Beschwerden neu (wenige Minuten/Stunden, höchstens 1 – 2 Tage), Gabe alle 15 Minuten, später Reduzierung auf eine Gabe pro Stunde.

Akute Symptome

Beschwerden bestehen seit 3 – 14 Tagen.
Das Mittel wird 4 – 5-mal täglich gegeben.

Subakute Symptome

Beschwerden sind seit 2 – 4 Wochen vorhanden.
Das Mittel wird 2 – 3-mal täglich gegeben.

Chronische Symptome

Beschwerden sind seit mindestens vier Wochen vorhanden. Das Mittel wird 2 – 3-mal täglich gegeben. Später wird die Dosis auf einmal täglich reduziert.

Falls auf Deinen Hund die Beschreibungen verschiedener Mittel zutreffen, kannst Du diese kombiniert verabreichen.

Die Darreichungsform der Globuli eignet sich gut für Hunde, da sie keinen Alkohol enthalten und problemlos in Kombination mit einer kleinen Futtermenge oder pur von dem Tier akzeptiert werden. Ob sie vor oder nach einer Mahlzeit angeboten werden, ist ohne Bedeutung.

Wenn Dein Tierarzt Medikamente verordnet hat, solltest Du diese nicht ohne Absprache mit ihm abzusetzen oder reduzieren.

Haftungsausschluss

Das Buch *15 Freunde – Die fünfzehn großen homöopathischen Mittel für den Hund* ist ausschließlich zu Informationszwecken gedacht. Es liefert Informationen auf der Basis homöopathischen Grundlagenwissens. Als Verfasserin garantiere ich jedoch nicht dafür, dass diese vollständig, aktuell, fehlerfrei oder einer speziellen homöopathischen Lehrmeinung entsprechend korrekt sind.

Die Informationen stellen weder eine Empfehlung oder eine Werbemaßnahme für ein bestimmtes Homöopathika noch für eine Behandlung einer Krankheit oder Beschwerde dar, es werden allenfalls denkbare Möglichkeiten aufgezeigt. Es handelt sich dabei in keinem Fall um ein Wirksamkeitsversprechen.

Die Autorin haftet grundsätzlich nicht für die durch den Einsatz der aufgelisteten Substanzen entstandenen Personen- oder Sachschäden.

Ich mache ausdrücklich darauf aufmerksam, dass die hier dargestellten Informationen auf nicht wissenschaftlich und schulmedizinisch anerkanntem beziehungsweise bewiesenem Wissen basieren.